essentials

Kathrin Schütz

Attraktivität und Kompetenz von Models in der Werbung

Bewusste vs. unbewusste Einstellungen gegenüber Jüngeren und Älteren

Kathrin Schütz
Hochschule Fresenius
Düsseldorf, Deutschland

ISSN 2197-6708　　　　　　　　ISSN 2197-6716　(electronic)
essentials
ISBN 978-3-658-21261-2　　　　ISBN 978-3-658-21262-9　(eBook)
https://doi.org/10.1007/978-3-658-21262-9

Die Deutsche Nationalbibliothek verzeichnet diese Publikation in der Deutschen Nationalbibliografie; detaillierte bibliografische Daten sind im Internet über http://dnb.d-nb.de abrufbar.

Was Sie in diesem *essential* finden können

- Theoretische Hintergründe zur Wirkung jüngerer und älterer Models in der Werbung und zugrunde liegende Theorien
- Unterschiede zwischen bewussten und unbewussten Einstellungen gegenüber Jüngeren und Älteren
- Attraktivitäts- und Kompetenzbewertungen von Models
- Praktische Implikationen zum erfolgreichen Einsatz jüngerer und älterer Models in der Werbung

Inhaltsverzeichnis

Einleitung

Beim Blick in die Supermarktregale wird deutlich, wie bei nahezu ähnlichen Produkten auf scheinbar einzigartige Eigenschaften hingewiesen wird. Dabei wird vor allem auf Models zurückgegriffen, die beispielsweise als Experten, als Produktverwender[1] oder einfach nur als positiver Zusatzreiz verwendet werden. Zudem versuchen Unternehmen, neue Zielgruppen anzuvisieren und zu erschließen. Die 14- bis 49-Jährigen sind dabei seit jeher als attraktive Zielgruppe bekannt, was sich auch in der Häufigkeit der Darstellung in der Werbung widerspiegelt. Auf der anderen Seite begegnet uns der demografische Wandel, der den Blick in die Richtung einer wohlhabenden und konsumfreudigen älteren Zielgruppe lenkt. Die hohen Lebenserwartungen resultieren neben medizinischen Fortschritten auch aus ernährungsbedingten Umständen und dem Wohlstand der vor allem älteren Generation. Die Folgen sind einerseits eine steigende Anzahl älterer Menschen und andererseits (bedingt durch die geringere Anzahl an Geburten) weniger jüngere Personen.

Mit dem demografischen Wandel geht – vor allem in Deutschland – ein Älterwerden der Gesellschaft einher, sodass die ältere Generation an Bedeutung gewinnt. Aus Sicht der Unternehmen und Werbetreibenden stehen jedoch die Jüngeren weiterhin im Fokus, sodass den Älteren nur eine geringe Beachtung geschenkt wird (Carrigan und Szmigin 2000; Gaßner 2006; Milliman und Erffmeyer 1990; Müller 2008). Dieses Bild ist auch in der Werbung zu finden – es gibt kaum ältere Models. Und das, obwohl gerade ältere Personen, die der Generation 50 plus angehören, über hohe finanzielle Mittel verfügen und kauffreudig

---

[1]Der Einfachheit halber wird die männliche Form verwendet – weibliche Personen sind mit eingeschlossen.

© Springer Fachmedien Wiesbaden GmbH, ein Teil von Springer Nature 2018
K. Schütz, *Attraktivität und Kompetenz von Models in der Werbung,* essentials,
https://doi.org/10.1007/978-3-658-21262-9_1

sind (Carrigan und Szmigin 2000). Die Werbungen, die sich an ältere Rezipienten richten, beinhalten nach wie vor positive sowie negative Eigenschaften älterer Menschen. Diese lassen sich ebenfalls im gesellschaftlichen Bild über Ältere, über das Altern und den damit einhergehenden Stereotypen wiederfinden (Robinson et al. 2003; Simcock und Sudbury 2006; Williams et al. 2007). Gerade die unterschiedlichen Motive, Einstellungen und Lebensweisen älterer Menschen (z. B. jenseits der 40 oder 50 Jahre studieren zu gehen, umzuziehen oder ein neues Haus zu bauen) machen die Älteren zu einer attraktiven Zielgruppe und bieten auch für Werbetreibende verschiedene Möglichkeiten diese anzusprechen.

Nachfolgend wird vorgestellt, wie sich neben jüngeren auch ältere Models gezielt in der Werbung einsetzen lassen und bei welchen Produkten bzw. Dienstleistungen eher jüngere oder ältere Models – sowohl aus Sicht der Jüngeren als auch der Älteren – eingesetzt werden sollten. Neben praktischen Anwendungsmöglichkeiten wird dabei auf wissenschaftliche Erkenntnisse eingegangen. Passen jüngere Models generell besser zu Produkten für jüngere Konsumenten und gilt dies im Umkehrschluss auch für ältere Models mit zugehörigen Produkten und Dienstleistungen, d. h. kommt es grundsätzlich auf die Zielgruppe an? Oder lohnen sich jüngere Models generell übergreifend für alle Produkte, da Ältere insbesondere mit negativen Stereotypen einhergehen, sodass ausschließlich auf Jüngere in der Werbung zurückgegriffen werden sollte? Alternativ könnte es sich auch anbieten, produkt- bzw. dienstleistungsspezifisch vorzugehen und jüngere sowie ältere Models entsprechend ihrer Passung zum beworbenen Objekt, ohne Rücksicht auf die Zielgruppe, auszuwählen.

Weiterhin wird betrachtet, wie sich bewusste von unbewussten Bewertungen unterscheiden, wenn es um jüngere und ältere Models geht. Befragt man Personen explizit und implizit, welche (bewussten vs. unbewussten) Einstellungen sie gegenüber älteren Models haben, werden diese je nach Bedingung häufig besser bewertet als jüngere Models. Hier kann es von dem Produkt abhängen, sodass jüngere Models teilweise bei Modewerbung von Vorteil sein können, da hier die Jugendlichkeit im Vordergrund steht. Ältere, weniger attraktive Models können andererseits mit einem negativen Altersstereotyp einhergehen, sodass diese mental als weniger passend empfunden werden können. Nachfolgend wird es zudem darum gehen, wann ältere Models von Vorteil sind und welche Konzepte mit diesen affektiv, also emotional bewertend, verbunden sind.

Betrachtet man wissenschaftliche Theorien zum Einsatz von Models in der Werbung, kann einerseits der Fit bzw. die Passung zwischen einem Model und einem Produkt relevant für die Einstellungen von Rezipienten und deren möglicher Kaufintentionen sowie -entscheidungen sein. Je nach Produkt oder Dienstleistung kann die Passung sehr unterschiedlich empfunden werden (Baker und

Churchill 1977; Kahle und Homer 1985; Kamins 1990; Kamins und Gupta 1994; Till und Busler 2000). Demnach könnte man schlussfolgern, dass jüngere Models bei Produkten mit Attraktivitätsbezug und ältere Models bei solchen mit Kompetenzbezug passend seien. Folgt man andererseits der Identifikationstheorie, sollte man ein Model entsprechend der anvisierten Zielgruppe auswählen (Bierhoff 2006; Snyder und DeBono 1985). Ein dritter theoretischer Ansatz, der herangezogen werden kann, bezieht sich auf den Evolutionsbiologischen Ansatz, wonach jüngere Models immer besser bewertet werden als ältere (Saad 2006).

Nachfolgend wird auf den Einsatz von jüngeren und älteren Models in der Werbung mit den verschiedenen Stereotypen und die Relevanz von Attraktivität und Kompetenz in der Werbung eingegangen. Basierend auf den Theorien zu Werbegestaltung und bewussten sowie unbewussten Entscheidungen wird die erfolgreiche Werbegestaltung für jüngere und ältere Konsumenten erläutert.

Models in der Werbung

2

Models werden häufig in der Werbung eingesetzt, sei es im Printbereich, im Fernsehen oder im Radio. Gründe hierfür können sein, dass die Eigenschaften der Person auf das Produkt übertragen werden sollen, wie auch das Geschlecht oder die Attraktivität, um die Glaubwürdigkeit zu erhöhen. Dies kann wiederum einen Einfluss auf die Bewertungen des Produkts oder der Dienstleistung haben, was sich auf die Kaufintention auswirken kann (Caballero et al. 1989; Häfner und Trampe 2009; Maddux und Rogers 1980; Peck und Loken 2004). Diese Models oder Kommunikatoren, die auch „Celebrities, Personalities, Presenter, Testimonials" (Mattenklott 2002, S. 530) genannt werden, schließen ebenfalls berühmte bzw. prominente Personen sowie Menschen mit Expertenstatus mit ein (Ding et al. 2011; Maddux und Rogers 1980; Ohanian 1990).

Insbesondere die Komponente der Attraktivität von Models und deren Glaubwürdigkeit wurden bereits wissenschaftlich untersucht, auf die in den nachfolgenden Kapiteln genauer eingegangen wird (Brownlow und Zebrowitz 1990; Dholakia und Sternthal 1977; Halliwell et al. 2005; Häfner und Trampe 2009). Die Wirkung des jeweiligen Geschlechts eines Models wurde ebenfalls untersucht, wobei Männer im werblichen Kontext vor allem mit Stärke, Dominanz, finanziellem Erfolg und Muskelkraft in Verbindung gebracht werden. Bei Frauen reicht die Bandbreite der Darstellung von eher kindlichen Aspekten bis hin zu exotischen oder erotischen Eigenschaften (Englis et al. 1994; Gulas und McKeage 2000).

© Springer Fachmedien Wiesbaden GmbH, ein Teil von Springer Nature 2018   5
K. Schütz, *Attraktivität und Kompetenz von Models in der Werbung,* essentials,
https://doi.org/10.1007/978-3-658-21262-9_2

2.1   Jüngere Models

In der Praxis werden häufig attraktive Models eingesetzt – mit dem Gedanken, dass sich die Attraktivität des Models und weitere positive Eigenschaften auf das beworbene Objekt übertragen lassen (Bearden und Etzel 1982; Englis und Solomon 1995). Vor allem kosmetische Produkte oder Behandlungen setzen auf diese Art von Models, wobei die Attraktivität der meist weiblichen Models auch mit dem Schlank-sein einhergeht. Teilweise werden zudem prominente Models eingesetzt (Bower und Landreth 2001; Kahle und Homer 1985; Till et al. 2008). Die attraktiven und meist jungen Models entsprechen zudem dem gesellschaftlichen Idealbild, das vor allem Attraktivität und Jugendlichkeit aufweist (Bieri et al. 2006).

2.2   Ältere Models

Im Gegensatz zu jüngeren Models sind ältere Personen ab ca. 50 Jahren gemessen an ihrem Anteil in der Gesamtbevölkerung in der Werbung kaum zu finden und somit deutlich unterrepräsentiert. Hier wird auch davon gesprochen, dass diese eher ignoriert und zudem diskriminiert werden (Fösken 2008; Kozar 2010; Milliman und Erffmeyer 1990; Robinson et al. 2003; Roy und Harwood 1997). Insbesondere weibliche, ältere Models sind hiervon betroffen, da diese seltener als männliche, ältere Models in Werbungen angetroffen werden – und das, obwohl es in der Gesamtbevölkerung anteilig mehr ältere Frauen als Männer gibt (Bradley und Longino 2001; Ganahl et al. 2003; Gantz et al. 1980; Ursic et al. 1986). Bereits in früheren Jahren wurde dies vor allem bei Automobil-, Reise- sowie Finanzdienstleistungswerbungen deutlich, da ältere Erwachsene kaum als Models vertreten waren (Roy und Harwood 1997). Ein Grund kann – einhergehend mit dem gesellschaftlichen Idealbild attraktiver Personen – in den hübschen Gesichtern jüngerer Models liegen; straffe, faltenlose Haut assoziiert man eher mit jüngeren Personen (Bieri et al. 2006).

Wenn ältere Models in der Werbung dargestellt werden, geht es eher um neutrale Präsentationen, teilweise aber auch um positive oder auch negative Stereotype (Carrigan und Szmigin 2000; Long 1998; Peterson 1992, 1995; Röhr-Sendlmeier und Ueing 2004; Roy und Harwood 1997; Simcock und Sudbury 2006; Smythe 1996). Das frühere Bild Älterer Personen im gesellschaftlichen Bereich und der entsprechenden Abbildung in der Werbung (Thompson und Hirschman 1995) findet sich auch heute noch wieder. Wurde früher vermehrt von negativen Darstellungen Älterer in der Werbung berichtet, wobei diese eher passive, schwache oder unfähige bis hin zu lächerlichen Rollen einnahmen

(Carrigan und Szmigin 2000; Long 1998; Smythe 1996), so hat sich das Bild in der heutigen Zeit zwar etwas gewandelt (ältere, dynamische Models, die sich sportlich betätigen und mitten im Leben stehen), die Mehrheit der Models ist dennoch jünger. Wurden Ältere früher positiv darstellt, ging es vor allem um glückliche und gesunde Personen (Peterson 1992, 1995; Röhr-Sendlmeier und Ueing 2004; Roy und Harwood 1997; Simcock und Sudbury 2006).

Bei der Analyse, weshalb Ältere derart selten in der Werbung Anwendung finden, liegen verschiedene Gründe nahe. Die Werbefachleute sind meist sehr jung und haben ein jugendliches Bild von sich, zu dem ältere Personen eher nicht passen (Carrigan und Szmigin 2000; Long 1998; Schütz 2016). Dieser Personenkreis vertritt zudem häufig die Annahme, dass generell lieber jüngere Models betrachtet würden (vgl. Evolutionsbiologischer Ansatz), sodass man vor allem jüngere Rezipienten durch den Einsatz älterer Models verschrecken könnte. Daraus könnte resultieren, dass man die beworbenen Objekte eher der älteren Generation zuordnen und nicht mehr in der eigenen Altersgruppe für angemessen halten könnte. Dies würde im schlimmsten Fall zu einer Ablehnung der beworbenen Produkte oder Dienstleistungen führen – ein Rückgang der Verkaufszahlen oder ein schlechteres Image (des Objektes oder der gesamten Marke) wären mögliche Folgen. Womöglich wollen sich die Werbetreibenden jedoch auch nicht in Verbindung mit älteren Personen sehen (Carrigan und Szmigin 2000; Greco 1989; Gubernick 1996; Long 1998; Schütz 2016).

Bereits vor mehreren Jahrzeiten befragte Greco (1988) Werbetreibende zu ihren Einstellungen gegenüber dem Einsatz älterer Models. Einerseits zeigte sich, dass diese zwar die Aufmerksamkeit der Rezipienten erregen und auch (glaubwürdig) überzeugen könnten, andererseits standen jedoch auch negative Vorurteile und Befürchtungen beim Einsatz dieser Altersgruppe im Vordergrund. Die Befragten empfanden ältere Models als Kandidaten einer politischen Wahl als angemessen, im Bildungssektor, im Bereich der Floristik sowie bei Alkohol und Zigaretten. Als unpassende Bereiche wurden hier neben der Automobilbranche elektronische und Sportartikel sowie kosmetische Produkte, zu denen auch Shampoo zählte, angeführt. Betrachtet man die Werbung heute, sind in den damals als unpassend bezeichneten Bereichen teilweise auch ältere Models zu sehen, vor allem im Bereich der Kosmetik bei Anti-Aging-Produkten, die speziell eine ältere Zielgruppe anvisieren. Die Models sind zwar älter und man traut ihnen zu, dass sie die Produkte ebenfalls verwenden würden, dennoch stehen gewissen Schönheitsaspekte (z. B. nicht zu viele Falten oder ein frisches Aussehen) im Vordergrund.

Auch Röhr-Sendlmeier und Ueing (2004) fanden Veränderungen des Bildes des Alterns und älterer Personen im Vergleich zu diesen in den 1970-er-Jahren. Ein Aspekt war eine geringere Anzahl an negativen Altersbildern, sofern Ältere gleichermaßen die Zielgruppe der beworbenen Produkte waren. Krankheitsaspekte wurden dabei gänzlich vermieden, „da Gesundheit, Leistungskraft und Aktivität als positive Orientierungsgrößen gelten" (Röhr-Sendlmeier und Ueing 2004, S. 56). Sportliche Aktivitäten und glückliche Darstellungen fanden sich häufiger.

Im internationalen Bereich fanden Simcock und Sudbury (2006) heraus, dass ältere Models in Prime-Time-Spots vermehrt positiv dargstellt wurden, auch wenn sie kaum in Hauptrollen zu finden waren (lediglich in ca. einem Drittel der Spots gab es Personen über 50 Jahre). Auch in Nebenrollen waren sie unterrepräsentiert, wenn auch nicht so ausgeprägt wie in den Hauptrollen. Neben neutralen Darstellungen der Altersgruppe wurde ihnen ein kompetentes Bild zugesprochen, wobei sie als unabhängig und intelligent galten. In humorvollen Spots schnitten sie ebenfalls positiv ab und wurden nicht verspottet, selbst wenn gezeigt wurde, wie sie zu kompetenten Produktverwendern wurden, nachdem sie womöglich anfängliche Probleme hatten. Neben der Darstellung Älterer in Kombination mit Nahrungsmitteln und Getränken fanden sie bei Freizeitaktivitäten, Finanzdienstleistungen und Urlauben Anwendung, im Automobilbereich jedoch nicht.

Weitere von älteren Models beworbene Bereiche waren in Japan beispielsweise neben Finanzen und Versicherungen auch Medikamente und weitere Produkte aus dem Gesundheitsbereich (z. B. Zahnprothesen oder Hörgeräte, aber auch Anti-Falten-Cremes) (Prieler 2008). In Korea und Malaysia waren ältere Models, wie auch in Japan, zwar unterrepräsentiert, dennoch aber insgesamt positiv dargestellt. Sie fanden sich in einer zugehörigen Studie vermehrt in Nebenrollen im Bereich Versicherungen und Finanzen (Ong und Chang 2009). In Kanada zeigte sich ein ähnliches Bild, wobei die Älteren vermehrt im häuslichen als im geschäftlichen Umfeld dargestellt wurden. Hier waren zudem auch häufig jüngere Personen mit anwesend, z. B. als Familienmitglieder (Zhou und Chen 1992). In England standen ältere Models bei der Margarine von *Olivio/Bertolli* im Vordergrund der Werbeanzeigen. Inhalt waren die Vorteile eines mediterranen Lebensstils, zu dem der Konsum des beworbenes Öls zählt, da man so besonders lange und gesund lebe. Die Models waren älter und vor allem fit, modern, gesund und glücklich sowie abenteuerlustig (Williams et al. 2007).

Schlussfolgernd kann man sagen, dass ältere Personen in der Werbung unterrepräsentiert sind, vor allem weibliche Models, diese aber nicht nur negativ darstellt werden. Ein leichter Trend in Richtung eines leichten Anstiegs dieser Modelgruppe ist zu finden. Jüngere Models werden nach wie vor vermehrt eingesetzt, obwohl gerade die älteren Konsumenten als kaufkräftig gelten und daher nicht unterschätzt werden sollten, wie bereits Carrigan und Szmigin (2000) erwähnten.

2.3   Attraktivität von Models

Die bereits genannte und bei Menschen gewünschte Eigenschaft eines guten Aussehens findet sich vor allem bei Frauen wieder, was sich auch in der Werbung zeigt. Frauen messen der Attraktivität einen höheren Stellenwert bei als Männer, sodass sie häufiger bemüht sind, sich bzw. ihr Aussehen zu verschönern (Eagly et al. 1991).

Auf der anderen Seite zeigt sich bereits bei Kindern (wie auch bei Erwachsenen), dass sie lieber attraktive als weniger attraktive Gesichter anschauen und dass hier positivere Gefühle ausgelöst werden (Principe und Langlois 2011). Ein Merkmal, das dabei eine Rolle spielen kann, ist das Tragen einer Brille. Personen, die eine Brille mit Rand trugen, wurden in der Studie von Leder et al. (2011) zwar für weniger attraktiv, aber für vertrauenswürdiger und intelligenter als Personen ohne Brille eingeschätzt. Attraktiven Personen werden auch weitere positive Eigenschaften zugeschrieben (Berscheid und Walster 1974; Caballero et al. 1989; Dion et al. 1972). Hierzu zählen die Annahmen, dass attraktive Personen kontaktfreudiger, selbstsicherer und freundlicher sowie eine interessantere Persönlichkeit seien als weniger attraktive Personen (Berscheid und Walster 1974; Chaiken 1979; Kleck et al. 1974). Man vermutet, dass sie beruflichen Erfolg haben und ein glückliches Leben führen, mehr verdienen und eine größere Auswahl bei der Partnerwahl haben (Brislin und Lewis 1968; Frieze et al. 1991; Hamermesh und Biddle 1994; Walster et al. 1966).

Im Werbekontext zeigt sich, dass attraktive Models besser bewertet werden als weniger attraktive (Baker und Churchill 1977). Zusammenfassend geht man hier von Stereotyp aus, was beinhaltet, dass das, was schön ist, auch gut ist (Dion et al. 1972), auch als „what is beautiful is good stereotype" (Dion et al. 1972, S. 285) bezeichnet. In der Werbung werden attraktive Models zudem aus dem Grund eingesetzt, damit deren positive Attribute auf das beworbene Produkt übertragen werden. Hierdurch kann auch bezweckt werden, dass sich der Betrachter mit dem Model vergleicht und der Wunsch aufkommt, genauso wie dieses auszusehen (Bearden und Etzel 1982; Englis und Solomon 1995).

2.4   Kompetenz von Models (Glaubwürdigkeit)

Die Glaubwürdigkeit, Vertrauenswürdigkeit und auch die wahrgenommene Kompetenz eines Models können Einfluss darauf nehmen, wie eine Werbung beurteilt wird (Brownlow und Zebrowitz 1990; Ohanian 1990; Schütz 2016). Hierzu gehören auch die vermutete Intelligenz eines Models, dessen Alter (einhergehend mit dem Wissen und der Erfahrung), der Beruf oder der soziale Status (Belch und Belch 2001; Bower und Landreth 2001; Maddux und Rogers 1980; Ohanian 1990; Schütz 2016). Verwendet das Model das Produkt selbst (und scheint sich die Produktverwendung positiv auf das Model auszuwirken), wird es häufig als vertrauenswürdiger, ehrlicher oder auch glaubwürdiger wahrgenommen (Brownlow und Zebrowitz 1990; McGuire 1985). Hat ein Model schöne Haare, weil es vermeintlich ein besonderes Shampoo verwendet, ist darüber hinaus auch noch ein Produktbezug vorhanden, was sich positiv auswirken kann. Spricht das Model aus Erfahrung, wirkt es ebenfalls glaubwürdiger (Lynch und Schuler 1994). Weiterhin kann es sich lohnen, wenn ein Experte ein Produkt oder eine Dienstleistung bewirbt (Maddux und Rogers 1980). Hier kann es sich um einen Pizzabäcker handeln, der italiensiche Wurzeln zu haben scheint, die Kleidung eines Pizzabäckers trägt und eine Tiefkühlpizza anpreist oder ein Arzt im Kittel, der eine Zahnpasta bewirbt (Schütz 2016). Dies zeigt sich auch in den Verkaufszahlen – Kunden kaufen bei einem wahrgenommenen Experten mehr als bei einem Nichtexperten (Woodside und Davenport 1976).

Je nach Kontext werden auch prominente Sprecher als glaubwürdig eingeschätzt. Der prominente Golfspieler Tiger Woods wird als vertrauens- und als glaubwürdig eingeschätzt, wenn er Golfprodukte bewirbt. Ihm traut man das Expertendasein zu und zusätzlich liegt eine Passung zur Produktkategorie vor (Till et al. 2008). Laskey et al. (1994) konnten andererseits zeigen, dass auch gewöhnliche Personen überzeugend sein können, da man sich mit diesen identifizieren kann und diese scheinbar ebenfalls das Produkt verwenden.

Zusammenfassung
Beim Einsatz von Models in der Werbung wird darauf abgezielt, dass die positiven Eigenschaften des Sprechers auf das Produkt übertragen werden. Eine wichtige Komponente ist hierbei die Attraktivität des Models, die vor allem jüngeren Personen zugeschrieben wird. Attraktiven Personen werden (ohne vorhandendes Wissen über deren Richtigkeit) weitere positive Eigenschaften zugeschrieben und diese werden besser bewertet als weniger attraktive Models. In einer Gesellschaft, in der Schlankheit mit Schönheit assoziiert wird, ist es nicht verwunderlich, dass schlanke Models häufig auch Vorteile gegenüber runderen Models haben. Neben der Attraktivität sind die Kompetenz und Glaubwürdigkeit von Models relevante Konstrukte, die einen Einfluss auf die Bewertung eines Produktes und dessen Werbung haben können. Dabei können einerseits ältere Models eingesetzt werden sowie solche, denen man zutraut, dass sie bereits positive Erfahrungen mit dem beworbenen Produkt gemacht haben und es aus diesem Grund verwenden. Hierbei kann es sich zudem um Prominente handeln, die jedoch – wie auch die übrigen Models – zum Produkt passen müssen.

Theorien der Werbegestaltung mit Models

3

Welche Kommunikatoren in der Werbung sinnvoll eingesetzt werden und welche Gründe dafür vorliegen können, lässt sich auf verschiedene Ansätze zurückführen. Einerseits scheinen junge und attraktive Models von Vorteil zu sein, eine andere Theorie betont die Ähnlichkeit zwischen Kommunikator und Rezipient und letztlich geht es um die Passung zwischen Model und beworbenem Produkt. Je nach Perspektive lassen sich unterschiedliche Empfehlungen für die Werbung ableiten.

3.1 Evolutionsbiologischer Ansatz

Der Evolutionsbiologische Ansatz von Spencer basiert auf der Aussage „survival of the fittest" (Spencer 1864, S. 444), deren Inhalte auch in der Darwinistischen Theorie zu finden sind (Saad 2004). Betrachtet man die Fortpflanzung der Menschen, soll die Arterhaltung gewährleistet sein (Rendtorff 2003; Saad 2004; Wuketits 2005). Frauen stehen hier im Vordergrund, da sie gemäß dieses Ansatzes bestimmte Eigenschaften mitbringen sollten, um besonders anziehend für das männliche Geschlecht zu sein. Junge und attraktive Frauen gelten demnach als fruchtbar und werden von Männern präferiert, da sie selektive Vorteile aufweisen (Rendtorff 2003; Saad 2004). Hierdurch entsteht ein höherer Erfolg sich fortzupflanzen, insbesondere dann, wenn die äußeren Merkmale als attraktiv gelten. Eine straffe (Gesicht-)Haut, ein symmetrisches Gesicht oder auch das Verhältnis von Hüfte zu Taille sind dabei zentrale Aspekte. Einige der Merkmale hängen mit dem Alter zusammen, wodurch jüngere Frauen Vorteile aufweisen. Bei Männern geht es weniger um die Attraktivität, sondern mehr um Kraft, Dominanz, Macht oder Stärke. Bei ihnen liegt ein geringerer Selektionsdruck vor; auch in einem höheren Alter können sie sich noch fortpflanzen (Henss 1992; Pökl und Schafler 2002; Saad 2006; Saad und Peng 2006).

© Springer Fachmedien Wiesbaden GmbH, ein Teil von Springer Nature 2018
K. Schütz, *Attraktivität und Kompetenz von Models in der Werbung*, essentials,
https://doi.org/10.1007/978-3-658-21262-9_3

Übertragen auf beworbene Produkte bedeutet dies, dass Frauen mehr Wert darauf legen, attraktiv und jung auszusehen und dass es in diesem Bereich eine Vielzahl an Produkten und Dienstleistungen gibt. Hierzu zählen beispielsweise Falten reduzierende Gesichtscremes, Schönheitsseren, jugendliche Kleidung, Kosmetikbehandlungen oder auch Schönheitsoperationen. Zugehörige Models sollten demnach jung und attraktiv sein. Auch wenn es Beautyprodukte für Männer gibt, so gibt es auch diverse Produkte, die Macht und Erfolg symbolisieren, wie teure Uhren oder Sportwagen (Gierl und Bombe 2009; Saad 2006; Schütz 2016). Befragt man Rezipienten, welche Models sie für verschiedene Produkte wählen würden, sagt nur ein geringer Teil, dass jüngere Model per se vorteilhaft seien, da Jugendlichkeit und Frische in der Gesellschaft und in der Werbung besonders erstrebenswert seien (Schütz 2016).

3.2 Identifikationstheorie

Bei der Identifikationstheorie geht es darum, dass sich Menschen untereinander (sozial) vergleichen. Diese geht auf Festingers (1954) Theorie der sozialen Vergleiche (Social Comparison Theory) zurück. Demnach vergleichen sich Menschen hinsichtlich ihrer Einstellungen, Meinungen oder auch Fähigkeiten und Werten am Verhalten anderer (Aronson et al. 2008; Festinger 1954). Sind Übereinstimmungen mit anderen Personen vorhanden, kann man sich mit diesen identifizieren, wobei subjektive Wahrnehmungen genügen. Durch die Orientierung an Personen, die beispielsweise einer bestimmten Gruppe angehören, können die Einstellungen oder Verhaltensweisen auch übernommen werden (Deutsch und Gerard 1955; Kasten 2008; Kelman 1961).

Diese Vergleiche kann man ebenfalls bei der Gestaltung von Werbung und somit beim Einsatz von Models heranziehen. Die Ähnlichkeit kann hier dadurch geschaffen werden, dass das Model ähnliche Eigenschaften wie auch der jeweilige Rezipient aufweist oder Werte und Einstellungen kongruent sind. Eine erfolgreiche Werbung hätte man demnach konzipiert, wenn die Eigenschaften, zu denen auch das Aussehen zählt, zwischen Model und Rezipient möglichst ähnlich sind, sodass man sich mit dem Kommunikator identifizieren kann (Bierhoff 2006; Snyder und DeBono 1985). Neben dem Aussehen kann sich dies natürlich auch auf die Übereinstimmung des jeweiligen Geschlechts beziehen. Frauenprodukte sollten demnach von weiblichen Models beworben werden, Produkte für eine männliche Zielgruppe umgekehrt von einem männlichen Model.

In einer Studie von Barry und Bell (2007) sollten die Befragten sowohl schlanke, junge als auch realistisch attraktive, normalgewichtige Models bewerten, bei denen zusätzlich sowohl die Hautfarbe als auch das Alter variiert wurden. Die dargestellten Models wurden dann besser bewertet, wenn sie ähnliche Eigenschaften wie die Befragten aufwiesen. Je größer die Unterschiede waren, umso schlechter wurden sie bewertet, da keine Ähnlichkeiten wahrgenommen wurden. In einer anderen Studie bewerteten ältere Frauen ihnen ähnliche (ältere) Models besser, was sich in einer höheren Kaufintention im Vergleich zu jüngeren Models zeigte (Kozar 2012).

3.3   Match-up-Hypothese

Die dritte Theorie zum Einsatz von Models in der Werbung nennt sich Match-up-Hypothese. Hier geht es nicht alleinig um das gute Aussehen des Models oder eine möglichst große Ähnlichkeit zwischen Model und Rezipient, sondern darum, dass es auf das beworbene Produkt oder die Dienstleistung ankommt. Die Passung (Fit) oder auch Kongruenz zwischen dem beworbenen Objekt und dem Model muss demnach gegeben sein, um glaubwürdig und somit erfolgreich zu sein. Hier kommt es darauf an, ob die Eigenschaften des Models auch relevant für das Produkt sind. Eine hohe Attraktivität wäre demnach wichtig, wenn es sich um ein attraktivitätsrelevantes Produkt handelt (Kahle und Homer 1985; Kamins 1990; Kamins und Gupta 1994; Till und Busler 2000).

Am häufigsten wurde dieser Bereich (attraktive Models bei attraktivitätsrelevanten Models) untersucht, da hoch attraktive Models häufig in der Werbung zu finden sind (Barry und Bell 2007; Bower und Landreth 2001; Kamins 1990; Lin und Yeh 2009; Price und Murray 2009). Bei der Anwendung des Was-schön-ist-ist-gut-Stereotyps sollten schönen Models weitere positive Eigenschaften zugesprochen werden, was wiederum in vorteilhaften Produktbeurteilungen resultieren sollte. Dies ist jedoch nicht immer der Fall, da nicht automatisch bessere Einstellungen gegenüber dem Produkt oder höhere Kaufintentionen hiermit einhergehen (Dion et al. 1972; Kamins 1990; Price und Murray 2009). Weitere Studien zeigten, dass physisch attraktive Models Vorteile gegenüber normal attraktiven Personen haben, wenn es sich um schönheitsrelevante Produkte handelt (Shampoo, Juwelen). Die Einstellungen der bewertenden Personen sind hier positiver und diese sind eher bereit, ein solches Produkt zu kaufen. Haben die Produkte keinen Attraktivitätsbezug, so lohnen sich hoch attraktive Models nicht immer (Kugelschreiber, Staubsauger) (Barry und Bell 2007; Parekh und Kanekar 1994; Price und Murray 2009). Neben der Attraktivität eines Models muss allerdings auch die (wahrgenommene) Expertise, die man dem Model zuschreibt, berücksichtigt werden (Bower und Landreth 2001). Zu attraktive Models können auch nachteilig sein, weil die Glaubwürdigkeit darunter leidet. Der Schauspieler Tom Cruise wurde in einer Studie als zu gut aussehend eingeschätzt, als dass er einen Zahnarzt darstellen könnte. Er wurde nicht als vertrauenswürdig wahrgenommen, da man ihm nicht zutraute, die nötige Kompetenz eines Zahnarztes inne zu haben. Bei einem Friseur, dem man zutraute, sich mit attraktivitätsrelevanten Aspekten auszukennen, und der selbst hoch attraktiv war, fielen die Bewertung weitaus besser aus. Ihm traute man eine hohe Servicequalität zu (Koernig und Page 2002). Der Fit bzw. Match-up war hier ausschlaggebend, für wie passend ein Model gehalten wurde.

Betrachtet man attraktivitätsrelevante Produkte, so kann man unterscheiden, ob das Produkt die Schönheit erhöht (Parfum) oder problemlösend wirkt (Aknecreme, Anti-Schuppen-Shampoo). Ein Problem lässt sich mit letzteren beheben oder zumindest fixieren. Wimperntusche könnte in beide Kategorien fallen – einerseits verschönert man mit ihrer Hilfe die Wimpern, andererseits wird das Problem sehr kurzer und wenig dichter Wimpern gelöst. Bower und Landreth (2001) untersuchten in diesem Zusammenhang die Auswirkungen normal und hoch attraktiver Models auf attraktivitätsbezogene Produkte. Obwohl es sich ausschließlich um Attraktivitätsprodukte handelte, waren die sehr hübschen Models nicht immer von Vorteil. Auch hier kann die Gefahr bestehen, dass man den Models nicht glaubt, da die Darstellungen als zu unrealistisch und zu idealisiert empfunden werden. Handelte es sich um Produkte, die als schönheitsverbessernd eingestuft wurden, eigneten sich die sehr attraktiven Personen. Bei problemlösenden Produkten wurden diese Models nicht besser beurteilt als normal attraktive Models, die ein durchschnittliches Gewicht, eine mittlere Größe und ein durchschnittlich attraktives Gesicht aufwiesen. Die Expertise, die man den jeweiligen Models in einem solchen Fall zutraut, kann auf unterschiedlichen Annahmen basieren. Den normal attraktiven Models traut man zu, dass sie durch die Verwendung des beworbenen Produktes ihr Problem lösen konnten. Expertise und Erfahrung werden ihnen zugesprochen. Hoch attraktive Models können als Experten rund um das Thema Schönheit bzw. das Erhöhen der Schönheit fungieren.

Die Passung zwischen Model und Produkt kann man auch auf Prominente übertragen, die ebenfalls gerne in der Werbung verwendet werden. Zu den prominenten Models zählen beispielsweise Fußballer, die Pflegeprodukte bewerben oder Schauspieler, die ein Parfum oder Nahrungsergänzungsmittel anpreisen. Aufgrund ihrer Bekanntheit ziehen sie bei vielen Betrachtern direkt die Aufmerksamkeit auf sich. In früheren Befragungen zeigte sich bereits, dass prominente Models als unterhaltsam und häufig auch als glaubwürdiger wahrgenommen werden als unbekannte Personen, da man bestimmte Eigenschaften mit den Prominenten verbindet (Atkin und Block 1983; McCracken 1989). Die Wichtigkeit, dass Model und Produkt eine Passung aufweisen sollten, um erfolgreich zu sein, zeigt sich auch hier. Der Rezipient sollte die Verbindung zwischen den beiden Elementen erkennen können. Das bedeutet auch, dass Schönheit allein nicht zählt; auch die Expertise des Prominenten gilt es zu berücksichtigen.

Die Wichtigkeit der Passung zeigte sich auch bei der Kombination aus Michael Jordan, dem US-amerikanischen Basketballspieler, und einem Sportgetränk. Dem Model traute man zu, dass eine Expertise im Bereich Sport vorlag, als wenn das Produkt mit Pierce Brosnan oder einem anderen Schauspieler kombiniert wurde. Die Glaubwürdigkeit und Expertise gilt es demnach zu berücksichtigen (Cunningham et al. 2008; Till und Busler 1998; Till et al. 2008). Soll ein Sportereignis beworben werden, zeigt ein attraktives Model, das zudem auch noch glaubwürdig und kompetent ist, die beste Wirkung. Ist das Model weniger attraktiv, aber dennoch kompetent bzw. wird ihm eine gewisse Expertise zugesprochen, ist die Wirkung ebenfalls positiv. Vermieden werden sollte hier ein wenig attraktives und gleichzeitig wenig kompetentes Model (Cunningham et al. 2008).

Zusammenfassung
Beim Einsatz von Models in der Werbung kann auf drei Theorien zurückgegriffen werden. Im Sinne des Evolutionsbiologischen Ansatzes sollten vor allem Frauen schön (und jung) sein, da diese als fruchtbar gelten. Bei Männern kommt es demnach auf Machtaspekte an. Übergreifend (nicht nur bei Schönheitsprodukten) sollten demnach jüngere, attraktive Models eingesetzt werden. Die Identifikationstheorie bezieht sich auf soziale Vergleiche zwischen Personen. Mit uns ähnlichen Personen können wir uns besser identifizieren, wonach auch die Models in der Werbung so ausgewählt werden sollten, dass sie den Rezipienten möglichst ähnlich sind. Bei der Match-up-Hypothese geht man davon aus, dass allein die Schönheit eines Models nicht ausreicht, um den Rezipienten von einem Produkt zu überzeugen. Die Passung muss ebenfalls beachtet werden bzw. die Wahrnehmung der Kompetenz in Kombination mit dem Produkt, die das Model ausstrahlt.

Bewusste und unbewusste Entscheidungen von Konsumenten

4

Ein weiterer Bereich, den es bei Entscheidungen im Konsumentenbereich zu berücksichtigen gilt, bezieht sich auf bewusste und unbewusste Anteile der Rezipienten. Entscheidungen werden im Alltag mehrmals täglich getroffen, sei es beim Einkaufen im Supermarkt, bei der Überlegung, ob man fernsieht oder einer Sportart nachgeht oder wenn es um die Abendplanung geht. Worin sich bewusste und unbewusste Entscheidungen unterscheiden, wird nachfolgend erklärt.

4.1 Bewusste Entscheidungen

Bei bewussten oder auch expliziten Entscheidungen liegt die Aufmerksamkeit auf den zugehörigen Details eines mehr oder minder schwerwiegenden Entscheidungsproblems (Dijksterhuis 2004; Dijksterhuis und Nordgren 2006). Das Denken ist hierbei systematisch, fokussiert und geht mit intensivem Nachdenken oder Grübeln einher, wobei die zugehörigen Denkprozesse bewusst kontrolliert werden (Dijksterhuis et al. 2006; Hasher und Zacks 1979; Sloman 1996). Es wird beispielsweise intensiv darüber nachgedacht, ob man Auto A oder Auto B kaufen sollte, welches die beste Wohnung oder das schönste Haus ist oder wie gesund man sich heute ernähren möchte, wodurch die Entscheidung in der Bäckerei womöglich eher auf ein Vollkornbrötchen als auf ein Schokoladencroissant fällt.

Gerade bei (subjektiv) wichtigen Entscheidungen geht es darum, Vor- und Nachteile der jeweiligen Optionen abzuwägen. Bettman et al. (1998) betonen, dass einerseits große Informationsmengen betrachtet werden, um geeignete Vergleiche schaffen und letztlich zu einer Entscheidung kommen zu können. Andererseits betonen sie jedoch auch, dass nicht alle Informationen (intensiv) verarbeitet werden können, da die Kapazität des Arbeitsgedächtnisses begrenzt ist.

© Springer Fachmedien Wiesbaden GmbH, ein Teil von Springer Nature 2018   17
K. Schütz, *Attraktivität und Kompetenz von Models in der Werbung,* essentials,
https://doi.org/10.1007/978-3-658-21262-9_4

Bei der Betrachtung des Faktors der Kompetenz, der auch im werblichen Kontext bei der Auswahl eines Models von Bedeutung ist, zeigt sich, dass älteren Menschen auf bewusster Ebene ein größerer Erfahrungsschatz, ein weiseres Auftreten und eine größere Kompetenz zugesprochen werden (Cuddy et al. 2005; Irni 2009; Katz und Marshall 2003; Levy 1996; Schütz, 2016). Unter dem Begriff der kristallinen Intelligenz werden das bisherige Wissen und die im Leben gesammelten Erfahrungen zusammengefasst, die im Alter zunehmen (Cattell 1987; Schaie 1994). Älteren Personen werden Fertigkeiten und Fähigkeiten zugesprochen, die sich auch bei Führungspositionen und politischen Ämtern zeigen (Salthouse 2006). Hier muss jedoch auch berücksichtigt werden, dass Ältere nicht automatisch mit Kompetenz und Weisheit assoziiert werden, sondern auch das negative Alters-Stereotyp vorherrschend sein kann. Die Gruppe der Älteren ist sehr heterogen, einerseits sind Rückgänge (physischer und psychischer Art) zu verzeichnen, andererseits Entwicklungsprozesse (Baltes 1987; Faltermaier et al. 2002; Mather 2006; Wild 2004).

Demnach werden Älteren bzw. dem Altern sowohl positive als auch negative Eigenschaften zugesprochen, die in der Werbung positiv eingesetzt werden können (Weisheit und Erfahrung) oder die sich negativ auf ein Produkt übertragen können (zu starke Einschränkungen, die auch nicht mit dem beworbenen Produkt behoben werden können). Bei der bewussten Einschätzung von Models wägen befragte Personen je nach Produktkategorie auf rationaler Ebene ab. Hier wird beispielsweise argumentiert, dass ältere weibliche Models besonders gut zu Kopfschmerztabletten oder Waschmittel passen, da sie auf einen großen Erfahrungsschatz und ihre Expertise zurückgreifen könnten. Man kann hier jedoch nicht eindeutig sagen, ob die Befragten diese Aussagen tatsächlich so meinen oder ob sie von ihren eigentlichen Einstellungen und Bewertungen abweichen, da sie es nicht sagen wollen oder sich dessen nicht bewusst sind (Schütz 2016).

4.2   Unbewusste Entscheidungen

Neben bewussten Entscheidungen gibt es auch solche, die in Kaufsituationen und bei vielen anderen Entscheidungen mit unbewussten Denkprozessen einhergehen. Diese sind nicht bewusst, wie es auch beim Sprechen der Fall ist. Dazu zählen die zugrunde liegenden Prozesse, die die Sprache beispielsweise beim Suchen von Wörtern lenken. Entscheidungen, die ohne bewusste Aufmerksamkeit erfolgen, lassen sich als spontane, automatische oder Bauchentscheidungen bezeichnen (Dijksterhuis 2004; Dijksterhuis und Aarts 2010). Auch wenn die Aufmerksamkeit auf andere Dinge gerichtet ist, können dennoch größere Informationsmengen aufgenommen werden (Dijksterhuis 2004; Dijksterhuis und Nordgren 2006). Hier wird auch von Intuition oder assoziativen Prozessen, die mit Kreativität zusammenhängen, gesprochen (Sloman 1996). Dabei geht es allerdings weniger darum, dass die Gedanken abschweifen, sondern dass ein Ziel fokussiert bzw. verfolgt wird (Bos et al. 2008).

Auch in Kaufsituationen gibt es sowohl solche, die bewusst nach gründlichem Überlegen getroffen werden und solche, die scheinbar intuitiv und mühelos erfolgen. Derartige werden durch intuitives Denken gelenkt (Pocheptsova et al. 2009). Dijksterhuis und Smith (2005) fanden heraus, dass Personen, die sie nach einem Supermarkteinkauf fragten, weshalb sie Eiscreme gekauft hatten, nicht sagen konnten, weshalb sie diese gekauft hatten. Sie hätten sich einfach danach gefühlt, ohne genaue Motive benennen zu können. Gigerenzer (2008) sieht unbewusste Entscheidungen als solche an, die nicht mit logischen Aspekten im Zusammenhang stehen und als Bauchgefühle bezeichnet werden. Hier stehen wesentlich Aspekte im Fokus, die auch bei einer Kaufentscheidung relevant sind, ohne dass diese bewusst elaboriert werden (Carr und Steele 2010; Gigerenzer 2008; Gladwell 2007; Landy 2008).

Um unbewusste Assoziationen sowie Einstellungen, die (Kauf-)Entscheidungen vorausgehen können, zu erfassen, wird beispielswiese der Implizite Assoziationstest (IAT) angewandt. Dieses computerbasierte Verfahren wurde von Greenwald et al. (1998) entwickelt. Die Versuchspersonen sitzen hierbei vor einem Computer und müssen möglichst schnell und möglicht korrekt verschiedene Begriffe oder Bilder unterschiedlichen Kategorien zuordnen. Es wird gemessen, wie stark Assoziationen zweier Konzepte zusammenhängen. Es zeigt sich beispielsweise, dass attraktive Gesichter implizit gegenüber weniger attraktiven sowie unattraktiven Gesichtern bevorzugt werden. Dabei werden weibliche Gesichter stärker mit positiven Aspekten assoziiert als männliche Gesichter (Bargh und Chartrand 1999; van Leeuwen und Macrae 2004).

Was die impliziten Attraktivitätsbeurteilungen von Jüngeren und Älteren anbelangt, zeigt sich, dass jüngere Personen mit dem Attribut „attraktiv" und ältere Personen mit dem Attribut „unattraktiv" assoziiert werden (Schütz 2016). Auch wenn es den Befragten womöglich unangenehm ist, dies zuzugeben, so zeigt sich auf unbewusster Ebene, dass Schönheit und Jugendlichkeit besser beurteilt werden und diese Assoziationen enger miteinander verknüpft sind (und somit eine schnellere Reaktionsfähigkeit der Versuchspersonen vorliegt).

Andererseits lässt sich vermuten, dass ältere Personen – wenn sie schon nicht mit Attraktivität in engem Zusammenhang stehen – für kompetenter, weiser und erfahrener als jüngere Personen gehalten werden. In einer Studie zeigte sich einerseits, dass jüngere Befragte (erwartungsgemäß) Kompetenz mit Älteren assoziierten, andererseits aber auch, dass ältere Befragte die jüngere Altersgruppe für kompetenter hielten. Zunächst waren die älteren Befragten erstaunt über ihre Ergebnisse, als Erklärung wurden jedoch beispielsweise Technikprodukte und neuartige Produkte herangezogen, bei denen Jüngeren mehr Erfahrung zugesprochen wurde (Schütz 2016). Jüngere sind mit den neuen Medien aufgewachsen und haben demnach mehr Berührungspunkte mit diesen als Ältere, wodurch sie für kompetenter gehalten werden (Best und Engel 2011; Jakobs et al. 2008).

Misst man den Einfluss schlanker Models implizit, also unbewusst, werden zugehörige Produkte besser bewertet als solche mit kräftigeren Models. Fragt man die Probanden explizit (bewusst), zeigen sich gegenteilige Effekte. Hat man die Zeit und die nötigen Ressourcen (um sich eine womöglich sozial erwünschte Antwort zu überlegen), werden Gründe für die Wahl kräftigerer Models gefunden. In diesem Kontext würde es sich empfehlen, „realistische" Models, mit denen sich die Rezipienten identifizieren können, zu verwenden (Häfner und Trampe 2009). Neben der Attraktivität von Models ist auch deren Glaubwürdigkeit bei der Beurteilung von Werbung und Models relevant. Baumeister et al. (2011) fassen zusammen, dass das menschliche Verhalten, einschließlich der Konsumentscheidungen, eine Mischung aus bewussten und unbewussten Teilen ist.

Zusammenfassung
Bewusste und unbewusste Entscheidungen begegnen uns in vielen Situationen, die auch mit Kaufentscheidungen einhergehen. Bewusste Entscheidungen sind dabei solche, die die Aufmerksamkeit und Fokussierung auf das Ziel und die möglichen Alternativen, die der Entscheidung zugrunde liegen, erfordern. Es wird systematisch und logisch nachgedacht (elaboriert) und Vor- und Nachteile werden analysiert. Auf bewusster Ebene werden bestimmten Models besonders positive Eigenschaften zugesprochen, die auf unbewusster Ebene teilweise anders oder sogar gegenteilig vorliegen. Werden beispielswiese kräftigere Models bei bewussten Befragungen besser bewertet, so zeigt sich auf unbewusster Ebene eine Präferenz schlankerer Models. Unbewusste Entscheidungen erfordern nicht die Aufmerksamkeit, wie es im bewussten Bereich der Fall ist, sondern gehen vielmehr mit Intuition und Bauchentscheidungen einher. Auch in Kaufentscheidungen scheinen diese mühelos zu erfolgen, wenn man im Nachhinein gar nicht mehr weiß, weshalb man etwas gekauft hat.

Erfolgreiche Werbegestaltung unterschiedlicher Produkte für jüngere und ältere Konsumenten

5

Bei der Gestaltung von Werbung für jüngere und ältere Zielgruppen kann man auf die Befunde der bereits genannten Untersuchungen zurückgreifen. In Teilen lässt sich dabei auf die Match-up-Hypothese verweisen, wonach jüngere Models mit attraktivitätsrelevanten Produkten und ältere Models mit kompetenzbezogenen Produkten einhergehen – unabhängig vom Alter der Betrachter. Bei weiteren Produkten lohnt es sich, auf die Erkenntnisse der Identifikationstheorie zurückzugreifen, wonach das Model der angesprochenen Zielgruppe ähnlich sein sollte. Der Evolutionsbiologische Ansatz findet alleinig keine Anwendung (Schütz 2016).

Möchte man Waschmittel oder Kopfschmerztabletten bewerben, stehen sowohl bei jüngeren als auch älteren Rezipienten Kompetenzaspekte sowie die Passung zwischen Model und Produkt im Vordergrund. Demnach ist neben dem Beseitigen eines Problems, für das das beworbene Produkt steht (Flecken entfernen, Kopfschmerzen beseitigen), auch ein glaubwürdiger Sprecher relevant. Besonders glaubwürdig erscheint ein (älteres) Model dann, wenn man ihm zutraut, dass es das Produkt ebenfalls verwendet und davon profitiert (Schütz 2016).

Möchte man hingegen Schokolade bewerben, kommt es sowohl auf den Fokus (Verführung vs. Kompetenz) als auf die Zielgruppe an, da einerseits Attraktivitäts- und andererseits Kompetenzfaktoren bei der Bewertung ausschlaggebend sind und Jüngere und Ältere unterschiedliche Ansichten haben. Jüngeren ist die Attraktivität wichtiger, wohingegen Ältere zwar auch attraktivitätsbezogene Aspekte für relevant halten. Bei ihnen geht es jedoch mehr um die Kompetenz, Expertise und die Glaubwürdigkeit des Models, sich beispielsweise mit der Qualität der Schokolade auszukennen. Schokolade weckt im Gegensatz zu Kopfschmerztabletten oder Waschmittel positive Assoziationen, die – vor allem bei jüngeren Befragten – mit Verführung und Belohnung einhergehen (Schütz 2016).

© Springer Fachmedien Wiesbaden GmbH, ein Teil von Springer Nature 2018 21
K. Schütz, *Attraktivität und Kompetenz von Models in der Werbung,* essentials,
https://doi.org/10.1007/978-3-658-21262-9_5

Städtereisen lassen sich auf unterschiedliche Weise bewerben, je nach anvisierter Zielgruppe, die nicht einheitlich in „jung" oder „alt" eingeordnet werden kann. Sowohl bei jüngeren als auch älteren Befragten stehen kompetenzbezogenen Eigenschaften im Vordergrund, wobei der Fokus deutlich auf der Zielgruppe liegt. Dies spricht für die Annahme der Identifikationstheorie: sollen jüngere Personen angesprochen werden, lohnt sich die Darstellung eines jüngeren, der Zielgruppe ähnlichen Models. Sollen ältere Personen angesprochen werden, sollte das Model dieser Personengruppe entsprechen.

Beim Bewerben von Tiefkühlpizza empfiehlt sich der Einsatz von jüngeren Models, da diese von jüngeren sowie älteren Rezipienten aufgrund der jüngeren Käuferschaft präferiert werden (vgl. Identifikationstheorie). Ältere Models werden deutlich abgelehnt, da man mit diesen den Kauf von Tiefkühlpizza nicht assoziiert. Entscheidend ist hier demnach die Ähnlichkeit zwischen Model und Rezipienten, da vor allem jüngere (männliche) Personen – so die Annahme der Befragten – häufig nicht kochen könnten und zudem aus Zeitgründen zu derartigen Produkten griffen. Weiterhin geht es hier um die Kompetenz des Models, die diesem zugetraut wird. Demnach würde man dem Model glauben, dass es die Pizza als Kunde erwerben würde, wonach einerseits eine jüngere Zielgruppe für angemessen gehalten wird. Im besten Fall handelt es sich dabei andererseits um eine Person, der man den Beruf eines Pizzabäckers zutraut. Hier macht aus Sicht der Befragten somit ein männliches Model Sinn. Vor allem älteren Frauen schreibt man zu, dass sie ihrer Familie eher frische Produkte servieren und nicht zu Tiefkühlpizzen greifen, weshalb kein Model aus dieser Gruppe gewählt werden sollte.

Produktübergreifend liegt der Fokus der jüngeren Zielgruppe mehr auf attraktivitätsrelevanten Aspekten, wohingegen ältere Personen zwar auch auf die Attraktivität achten, aber dennoch die Kompetenz und Expertise betonen. Soll bewusst eine Zielgruppe angesprochen werden, lohnt sich der Einsatz eines Models, das dieser Zielgruppe ähnlich ist. Bei jüngeren Personen gilt es jüngere Models einzusetzen und bei älteren Rezipienten ist es genau umgekehrt. Ebenso lässt sich dies auf geschlechterspezifische Produkte, wie beispielsweise Rasierer, übertragen. Sollen Frauen mit einem speziellen Damenrasierer angesprochen werden, ist es naheliegend, ein weibliches Model einzusetzen. Da es sich zudem um ein attraktivitätsbezogenes Produkt handelt, sollte das Model jung und attraktiv sein, wodurch die Passung zwischen Produkt und Model gewährleistet sein soll (Schütz 2016).

Weiterhin muss beim Einsatz älterer Models das Alter der Zielgruppe berücksichtigt werden. Ältere Personen fühlen sich im Schnitt zehn Jahre jünger als sie chronologisch sind, was sich auf die Modelpräferenzen auswirkt (Bradley und Longino 2001; Chang 2008; Schütz 2016). Ein älteres Model, das beispielsweise eine Schmerzcreme bewerben soll, die über 70-Jährige anspricht, sollte demnach rund zehn Jahre jünger aussehen, um das gefühlte Alter der Zielgruppe anzusprechen und somit mit einem höheren Identifikationspotenzial einherzugehen. Vitale, sportliche Sechzigjährige könnten dieser Vorstellung entsprechen, wie sie bereits in der Werbung für derartige Produkte zu sehen sind.

Möchten man Treppenlifte bewerben, empfiehlt es sich – entsprechend der Identifikationstheorie – ältere Models einzusetzen, da diese der Zielgruppe ähneln. Trend- und Sportprodukte passen zu jüngeren Models, da jüngere Personen zur Käuferschaft zählen und ihnen zudem in diesen Bereichen Erfahrung und Expertise zugesprochen werden. Jüngere sollten demnach nicht nur attraktivitätsrelevante Produkte bewerben.

Zusammenfassend lässt sich sagen, dass jüngere Models nicht pauschal am besten in der Werbung geeignet sind und sie auch nicht nur mit Attraktivität assoziiert werden. Weiterhin geht es nicht alleinig um die Identifikation zwischen Rezipient und Model oder nur um die Passung zwischen Produkt und Model. Einerseits kommt es auf die anvisierte Zielgruppe an, welches Model im Sinne der Identifikationstheorie gewählt wird, andererseits jedoch auch auf die Passung zwischen Model und Produkt (vgl. Match-up-Hypothese). Dies kann sich positiv auf die Überzeugungskraft und Glaubwürdigkeit auswirken, inwiefern man dem Model zutraut, sich dem Produkt auszukennen, sei es als Produktverwender oder als Experte, der über das Produkt informiert. Beim Bewerben von attraktivitätsrelevanten Produkten (Unterwäsche, Bademode) oder solchen für eine jüngere Zielgruppe (Technik- oder Sportartikel) empfiehlt es sich, jüngere Models auszuwählen. Ältere Models sollten nicht nur bei Produkten für die ältere Zielgruppe eingesetzt werden, sondern auch bei solchen, die mit Lebenserfahrung und Weisheit assoziiert werden (Versicherungen). Bei weiteren Produktkategorien, die sowohl jüngere als auch ältere Rezipienten anvisieren, muss auf die Model-Produkt-Kombination insofern geachtet werden, als dass die Passung glaubwürdig und überzeugend ist (Schütz 2016).

Zusammenfassung

Bei der Gestaltung von Werbung lässt sich keine pauschale Aussage ableiten, wonach ausschließlich jüngere oder ältere Models eingesetzt werden sollten. Es zeigt sich, dass nicht nur schöne, attraktive (jüngere) Models zu guten Bewertungen und entsprechenden Kaufintentionen führen, wie es beim Evolutionsbiologischen Ansatz der Fall ist. Es geht vielmehr um eine Kombination aus der Identifikationstheorie, wonach die Ähnlichkeit zwischen Model und Rezipient berücksichtigt werden muss, und der Match-up-Hypothese. Bei letzterer geht es um die Passung zwischen Model und beworbenem Produkt. Es gilt zu analysieren, wie viel Erfahrung und Kompetenz mit dem beworbenen Objekt einhergehen und welche Eigenschaften das Model demnach aufweisen muss. Bei Produkten, die eine jüngere Käuferschaft anvisieren, lohnen sich neben jüngeren Models auch solche, die attraktiv sind, da Jüngere größeren Wert auf das Aussehen legen als Ältere. Bei Werbung für eine ältere Zielgruppe muss berücksichtigt werden, dass sich diese etwa zehn Jahre jüngere fühlt als sie tatsächlich sind. Ein entsprechend etwas jüngeres Model, mit dem sich die ältere Käuferschaft identifizieren kann, ist hier von Vorteil.

Was Sie aus diesem *essential* mitnehmen können

- Jüngere Models sind in der Werbung nicht immer vorteilhaft.
- Es kommt auf die Zielgruppe und die Passung zwischen Model und Produkt an, welches Model mit den jeweiligen Eigenschaften eingesetzt werden sollte.
- Bewusste Entscheidungen stimmen nicht immer mit unbewussten Ansichten überein.
- Attraktvitätsrelevante Produkte lassen sich häufig von jüngeren, attraktiven Models besser bewerben, ältere Models sind bei vielen erfahrungs- und kompetenzbezogenen Produkten von Vorteil.

Literatur

Aronson, E., Wilson, T. D., & Akert, R. M. (2008). *Sozialpsychologie* (6. Aufl.). München: Pearson Studium.

Atkin, C., & Block, M. (1983). Effectiveness of celebrity endorsers. *Journal of Advertising Research, 23,* 57–61.

Baker, M. J., & Churchill, G. A. (1977). The impact of physically attractive models on advertising evaluations. *Journal of Marketing Research, 14,* 538–555.

Baltes, P. B. (1987). Theoretical propositions of life-span developmental psychology: On the dynamics between growth and decline. *Developmental Psychology, 23,* 611–626.

Bargh, J. A., & Chartrand, T. L. (1999). The unbearable automaticity of being. *American Psychologist, 54,* 462–479.

Barry, B., & Bell, S. J. (2007). Why reflect reality: An exploratory study on the effectiveness of traditionally attractive models and realistically models in fashion and beauty advertising. *Cambridge Judge Business School Working Papers, No.29/2007.* Cambridge: University of Cambridge.

Baumeister, R. F., Masicampo, E. J., & Vohs, K. D. (2011). Do conscious thoughts cause behavior? *Annual Review of Psychology, 62,* 331–361.

Bearden, W. O., & Etzel, M. J. (1982). Reference group influence on product and brand purchase decisions. *Journal of Consumer Research, 9,* 183–194.

Belch, G. E., & Belch, M. A. (2001). *Advertising and promotion: An integrated marketing communications perspective* (5. Aufl.). Boston: McGraw-Hill & Irwin.

Berscheid, E., & Walster, E. (1974). Physical attractiveness. In L. Berkowitz (Hrsg.), *Advances in experimental social psychology* (S. 157–215). New York: Academic.

Best, S., & Engel, B. (2011). Alter und Generation als Einflussfaktoren der Mediennutzung. *Media Perspektiven, 11*(2011), 525–542.

Bettman, J. R., Luce, M. F., & Payne, J. W. (1998). Constructive consumer choice processes. *Journal of Consumer Research, 25,* 187–212.

Bierhoff, H. W. (2006). *Sozialpsychologie: Ein Lehrbuch* (6. Aufl.). Stuttgart: Kohlhammer.

Bieri, R., Florack, A., & Scarabis, M. (2006). Der Zuschnitt von Werbung auf die Zielgruppe älterer Menschen. *Zeitschrift für Medienpsychologie, 18,* 19–30.

Bos, M. W., Dijksterhuis, A., & Baaren, R. B. van. (2008). On the goal-dependency of unconscious thought. *Journal of Experimental Social Psychology, 44,* 1114–1120.

© Springer Fachmedien Wiesbaden GmbH, ein Teil von Springer Nature 2018   27
K. Schütz, *Attraktivität und Kompetenz von Models in der Werbung,* essentials,
https://doi.org/10.1007/978-3-658-21262-9

Bower, A. B., & Landreth, S. (2001). Is beauty best? Highly versus normally attractive models in advertising. *Journal of Advertising, 15,* 1–12.

Bradley, D. E., & Longino, C. F., Jr. (2001). How older people think about images of aging in advertising and the media. *Generations, 25,* 17–21.

Brislin, R. W., & Lewis, S. A. (1968). Dating and physical attractiveness: A replication. *Psychological Reports, 22,* 976–984.

Brownlow, S., & Zebrowitz, L. A. (1990). Facial appearance, gender, and credibility in television commercials. *Journal of Nonverbal Behavior, 15,* 51–60.

Caballero, M. J., Lumpkin, J. R., & Madden, C. S. (1989). Using physical attractiveness as an advertising tool: An empirical test of the attraction phenomenon. *Journal of Advertising Research, 29,* 16–22.

Carr, P. B., & Steele, C. M. (2010). Stereotype threat affects financial decision making. *Psychological Science, 21,* 1411–1416.

Carrigan, M., & Szmigin, I. (2000). Advertising in an ageing society. *Ageing and Society, 20,* 217–233.

Cattell, R. B. (1987). *Intelligence: Its structure, growth and action.* Amsterdam: Elsevier.

Chaiken, S. (1979). Communicator physical attractiveness and persuasion. *Journal of Personality and Social Psychology, 37,* 1387–1397.

Chang, C. (2008). Chronological age versus cognitive age for younger consumers. *Journal of Advertising, 37,* 19–32.

Cuddy, A. J. C., Norton, M. I., & Fiske, S. T. (2005). This old stereotype: The pervasiveness and persistence of the elderly stereotype. *Journal of Social Issues, 61,* 267–285.

Cunningham, G. B., Fink, J. S., & Kenix, L. J. (2008). Choosing an endorser for a women's sporting event: The interaction of attractiveness and expertise. *Sex Roles, 58,* 371–378.

Deutsch, M., & Gerard, H. B. (1955). A study of normative and informational social influences upon individual judgment. *The Journal of Abnormal and Social Psychology, 51,* 629–636.

Dholakia, R. R., & Sternthal, B. (1977). Highly credible sources: Persuasive facilitators or persuasive liabilities? *Journal of Consumer Research, 3,* 223–232.

Dijksterhuis, A. (2004). Think different: The merits of unconscious thought in preference development and decision making. *Journal of Personality and Social Psychology, 87,* 586–598.

Dijksterhuis, A., & Aarts, H. (2010). Goals, attention, and (un)consciousness. *Annual Review of Psychology, 61,* 467–490.

Dijksterhuis, A., & Nordgren, L. F. (2006). A theory of unconscious thought. *Perspectives on Psychological Science, 1,* 95–109.

Dijksterhuis, A., & Smith, P. K. (2005). What do we do unconsciously? And how? *Journal of Consumer Psychology, 15,* 225–229.

Dijksterhuis, A., Bos, M. W., Nordgren, L. F., & Baaren, R. B. van. (2006). On making the right choice: The deliberation-without-attention effect. *Science, 311,* 1005–1007.

Ding, H., Molchanov, A. E., & Stork, P. A. (2011). The value of celebrity endorsements: A stock market perspective. *Mark Lett, 22,* 147–163.

Dion, K., Berscheid, E., & Walster, E. (1972). What is beautiful is good. *Journal of Personality and Social Psychology, 24,* 285–290.

Eagly, A. H., Ashmore, R. D., Makhijani, M. G., & Longo, L. C. (1991). What is beautiful is good, but..: A meta-analytic review of research on the physical attractiveness stereotype. *Psychological Bulletin, 110,* 109–128.

Englis, B. G., & Solomon, M. R. (1995). To be and not to be: Lifestyle imagery, reference groups, and the clustering of America. *Journal of Advertising, 24,* 13–28.

Englis, B. G., Solomon, M. R., & Ashmore, R. D. (1994). Beauty before the eyes of beholders: The cultural encoding of beauty types in magazine advertising and music television. *Journal of Advertising, 23,* 49–64.

Faltermaier, T., Mayring, P., Saup, W., & Strehmel, P. (2002). *Entwicklungspsychologie des Erwachsenenalters* (2. Aufl.). Stuttgart: Kohlhammer.

Festinger, L. (1954). A theory of social comparison processes. *Human Relations, 7,* 117–140.

Fösken, S. (2008). Spielregeln für die 50plus-Generation. *Absatzwirtschaft, 4*(2008), 96–100.

Frieze, I. H., Olson, J. E., & Russell, J. (1991). Attractiveness and income for men and women in management. *Journal of Applied Social Psychology, 21,* 1039–1057.

Ganahl, D. J., Prinsen, T. J., & Baker Netzley, S. (2003). A content analysis of prime time commercials: A contextual framework of gender representation. *Sex Roles, 49,* 545–551.

Gantz, W., Gartenberg, H. M., & Rainbow, C. K. (1980). Approaching invisibility: The portrayal of the elderly in magazine advertisements. *Journal of Communication, 30,* 56–60.

Gaßner, H.-P. (2006). *Werberelevante Zielgruppen im Wandel. Media Perspektiven, 1*(2006), 16–22.

Gierl, H., & Bombe, S. (2009). Der Einfluss des Alters von Testimonials auf Einstellungen zu Produkten. *Transfer Werbeforschung & Praxis, 55,* 6–20.

Gigerenzer, G. (2008). *Bauchentscheidungen* (5. Aufl.). München: Goldmann.

Gladwell, M. (2007). *Blink! Die Macht des Moments* (7. Aufl.). München: Piper.

Greco, A. J. (1988). The elderly as communicators: Perceptions of advertising practitioners. *Journal of Advertising Research, 28,* 39–46.

Greco, A. J. (1989). Representation of the elderly in advertising: Crisis or inconsequence? *Journal of Consumer Marketing, 6,* 37–44.

Greenwald, A. G., McGhee, D. E., & Schwartz, L. K. (1998). Measuring individual differences in implicit cognition: The implicit association test. *Journal of Personality and Social Psychology, 74,* 1464–1480.

Gubernick, L. (1996). Gray hair is cool. *Forbes, 157,* 116–118.

Gulas, C. S., & McKeage, K. (2000). Extending social comparison: An examination of the unintended consequences of idealized advertising imagery. *Journal of Advertising, 29,* 17–28.

Häfner, M., & Trampe, D. (2009). When thinking is beneficial and when it is not: The effects of thin and round advertising models. *Journal of Consumer Psychology, 19,* 619–628.

Halliwell, E., Dittmar, H., & Howe, J. (2005). The impact of advertisements featuring ultrathin or average-sized models on women with a history of eating disorders. *Journal of Community and Applied Social Psychology, 15,* 406–413.

Hamermesh, D. S., & Biddle, J. E. (1994). Beauty and the labor market. *American Economic Review, 84,* 1174–1194.

Hasher, L., & Zacks, R. T. (1979). Automatic and effortful processes in memory. *Journal of Experimental Psychology, 108,* 356–388.

Henss, R. (1992). *"Spieglein, Spieglein an der Wand..." Geschlecht, Alter und physische Attraktivität.* Weinheim: Psychologie Verlags Union.

Irni, S. (2009). Cranky old women? Irritation, resistance and gendering practices in work organizations. *Gender, Work and Organization, 16,* 667–683.

Jakobs, E.-M., Lehnen, K., & Ziefle, M. (2008). *Alter und Technik. Studie zu Technikkonzepten, Techniknutzung und Technikbewertung älterer Menschen.* Aachen: Apprimus.

Kahle, L. R., & Homer, P. M. (1985). Physical attractiveness of the celebrity endorser: A social adaption perspective. *Journal of Consumer Research, 11,* 954–961.

Kamins, M. A. (1990). An investigation into the match-up hypothesis in celebrity advertising: When beauty may be only skin deep. *Journal of Advertising, 19,* 4–13.

Kamins, M. A., & Gupta, K. (1994). Congruence between spokesperson and product type: A matchup hypothesis perspective. *Psychology and Marketing, 11,* 569–586.

Kasten, H. (2008). Entwicklungspsychologische Aspekte der Erziehung und Bildung von Jungen. In M. Matzner & W. Tischner (Hrsg.), *Handbuch Jungen-Pädagogik* (S. 49–62). Weinheim: Beltz.

Katz, S., & Marshall, B. (2003). New sex for old: Lifestyle, consumerism, and the ethics of aging well. *Journal of Aging Studies, 17,* 3–16.

Kelman, H. C. (1961). Processes of opinion change. *Public Opinion Quarterly, 25,* 57–78.

Kleck, R. E., Richardson, S. A., & Ronald, L. (1974). Physical appearance cues and interpersonal attraction in children. *Child Development, 45,* 305–310.

Koernig, S. K., & Page, A. L. (2002). What if your dentist looked like Tom Cruise? Applying the match-up hypothesis to a service encounter. *Psychology and Marketing, 19,* 91–110.

Kozar, J. M. (2010). Women's responses to fashion media images: A study of female consumers aged 39–50. *International Journal of Consumer Studies, 34,* 272–278.

Kozar, J. M. (2012). Effects of model age on adult female consumers' purchase intentions and attitudes for an age-specific product, clothing. *International Journal of Marketing Studies, 4,* 22–29.

Landy, F. J. (2008). Stereotypes, bias, and personnel decisions: Strange and stranger. *Industrial and Organizational Psychology, 1,* 379–392.

Laskey, H. A., Fox, R. J., & Crask, M. R. (1994). Investigating the impact of executional style on television commercial effectiveness. *Journal of Advertising Research, 34,* 9–16.

Leder, H., Forster, M., & Gerger, G. (2011). The glasses stereotype revisited. Effects of eyeglasses on perception, recognition, and impression of faces. *Swiss Journal of Psychology, 70,* 211–222.

Leeuwen, M. L. van., & Macrae, C. N. (2004). Is beautiful always good? Implicit benefits of facial attractiveness. *Social Cognition, 22,* 637–649.

Levy, B. (1996). Improving memory in old age through implicit self-stereotyping. *Journal of Personality and Social Psychology, 71,* 1092–1107.

Lin, C.-L., & Yeh, J.-T. (2009). Comparing society's awareness of women: media-portrayed idealized images and physical attractiveness. *Journal of Business Ethics, 90,* 61–79.

Long, N. (1998). Broken down by age and sex: Exploring the ways we approach the elderly consumer. *Journal of the Market Research Society, 40,* 73–91.

Lynch, J., & Schuler, D. (1994). The matchup effect of spokesperson and product congruence: A schema theory interpretation. *Psychology and Marketing, 11,* 417–445.

Madddux, J. E., & Rogers, R. W. (1980). Effects of source expertness, physical attractiveness, and supporting arguments on persuasion: A case of brains over beauty. *Journal of Personality and Social Psychology, 39,* 235–244.

Mather, M. (2006). A review of decision-making processes: Weighing the risks and benefits of aging. In L. L. Carstensen & C. R. Hartel (Hrsg.), *When I'm 64. Committee on aging frontiers in social psychology, personality, and adult developmental psychology* (S. 145–173). Washington, D.C.: The National Academies Press.

Mattenklott, A. (2002). Werbung mit Gefühl: Emotional bonding. In A. Mattenklott & A. Schimansky (Hrsg.), *Werbung. Konzepte und Strategien für die Zukunft* (S. 526–559). München: Vahlen.

McCracken, G. (1989). Who is the celebrity endorser? Cultural foundations of the endorsement process. *Journal of Consumer Research, 16,* 310–321.

McGuire, W. J. (1985). Attitudes and attitude change. In G. Lindzey & E. Aronson (Hrsg.), *The handbook of social psychology,* (Bd. 2, 3. Aufl., S. 233–346). Hillsdale: Lawrence Erlbaum Associates.

Milliman, R. E., & Erffmeyer, R. C. (1990). Improving advertising aimed at seniors. *Journal of Advertising Research, 29,* 31–36.

Müller, D. K. (2008). *Kaufkraft kennt keine Altersgrenze. Mediaperspektiven, 6*(2008), 291–298.

Ohanian, R. (1990). Construction and validation of a scale to measure celebrity endorsers' perceived expertise, trustworthiness, and attractiveness. *Journal of Advertising, 19,* 39–52.

Ong, F. S., & Chang, H. K. (2009). Older people as models in advertisements: A cross-cultural content analysis of two Asian countries. *Journal of Business and Policy Research, 4,* 1–15.

Parekh, H., & Kanekar, S. (1994). The physical attractiveness stereotype in a consumer-related situation. *The Journal of Social Psychology, 134,* 297–300.

Peck, J., & Loken, B. (2004). When will larger-sized female models in advertising be viewed positively? The moderating effects of instructional frame, gender, and need for cognition. *Psychology and Marketing, 21,* 425–442.

Peterson, R. T. (1992). The depiction of senior citizens in magazine advertisements: A content analysis. *Journal of Business Ethics, 11,* 701–706.

Peterson, R. T. (1995). The portrayal of senior citizens by banks in newspaper advertisements: A content analysis. *Journal of Professional Services Marketing, 12,* 95–106.

Pocheptsova, A., Amir, O., Dhar, R., & Baumeister, R. (2009). Deciding without resources: Resource depletion and choice in context. *Journal of Marketing Research, 46,* 344–355.

Pökl, M., & Schafler, H. (2002). Ist ein schönes Gesicht Indikator für Gesundheit und Fruchtbarkeit? In A. Hergovich (Hrsg.), *Psychologie der Schönheit: Physische Schönheit aus wissenschaftlicher Perspektive* (S. 229–253). Wien: WUV.

Price, B., & Murray, D. (2009). Match-Up revisited: The effect of staff attractiveness on purchase intentions in younger adult females: Social comparative and product relevant effects. *Journal of International Business and Economics, 9,* 55–76.

Prieler, M. (2008). Silver advertising: Elderly people in Japanese TV ads. In F. Kohlbacher & C. Herstatt (Hrsg.), *The silver market phenomenon: Business opportunities in an era of demographic change* (S. 269–277). Heidelberg: Springer.

Principe, C. P., & Langlois, J. H. (2011). Faces differing in attractiveness elicit corresponding affective responses. *Cognition and Emotion, 25,* 140–148.

Rendtorff, B. (2003). *Kinder, Jugend und Geschlecht. Einführung in die Psychologie der Geschlechter.* Weinheim: Beltz.

Robinson, T., Popovich, M., Gustafson, R., & Fraser, C. (2003). Older adults' perceptions of offensive senior stereotypes in magazine advertisements: Results of a Q method analysis. *Educational Gerontology, 29,* 503–519.

Röhr-Sendlmeier, U. M., & Ueing, S. (2004). Das Altersbild in der Anzeigenwerbung im zeitlichen Wandel. *Zeitschrift für Gerontologie und Geriatrie, 37,* 56–62.

Roy, A., & Harwood, J. (1997). Underrepresented, positively portrayed: Older adults in television commercials. *Journal of Applied Communication Research, 25,* 39–56.

Saad, G. (2004). Applying evolutionary psychology in understanding the representation of women in advertisements. *Psychology and Marketing, 21,* 593–612.

Saad, G. (2006). Applying evolutionary psychology in understanding the Darwinian roots of consumption phenomena. *Managerial and Decision Economics, 27,* 189–201.

Saad, G., & Peng, A. (2006). Applying Darwinian principles in designing effective intervention strategies: The case of sun tanning. *Psychology and Marketing, 23,* 617–638.

Salthouse, T. A. (2006). Aging of thought. In E. Bialystok & F. Craik (Hrsg.), *Lifespan cognition: Mechanisms of change* (S. 274–284). New York: Oxford University Press.

Schaie, K. W. (1994). The course of adult intellectual development. *American Psychologist, 49,* 304–313.

Schütz, K. (2016). *Ältere Konsumenten in der Werbung. Attraktivität und Kompetenz von Models.* Hamburg: Kovač.

Simcock, P., & Sudbury, L. (2006). The invisible majority? Older models in the UK television advertising. *International Journal of Advertising, 25,* 87–106.

Sloman, S. A. (1996). The empirical case for two systems of reasoning. *Psychological Bulletin, 119,* 3–22.

Smythe, T. C. (1996). Growing old in commercials: A joke not shared. In P. Lester (Hrsg.), *Images that injure: Pictorial stereotypes in the media* (S. 113–116). London: Praeger.

Snyder, M., & DeBono, K. G. (1985). Appeals to image and claims about quality: Understanding the psychology of advertising. *Journal of Personality and Social Psychology, 49,* 586–597.

Spencer, H. (1864). *The principles of biology.* London: Williams and Norgate.

Thompson, C. J., & Hirschman, E. C. (1995). Understanding the socialized body: A post-structuralist analysis of consumers' self-conceptions, body images, and self-care practices. *Journal of Consumer Research, 22,* 139–153.

Till, B. D., & Busler, M. (1998). Matching products with endorsers: Attractiveness versus expertise. *Journal of Consumer Marketing, 15,* 576–586.

Till, B. D., & Busler, M. (2000). The match-up hypothesis: Physical attractiveness, expertise, and the role of fit on brand attitude, purchase intent and brand beliefs. *Journal of Advertising, 29,* 1–13.

Till, B. D., Stanley, S. M., & Priluck, R. (2008). Classical conditioning and celebrity endorsers: An examination of belongingness and resistance to extinction. *Psychology and Marketing, 25,* 179–196.

Ursic, A. C., Ursic, M. L., & Ursic, V. L. (1986). A longitudinal study of the use of the elderly in magazine advertising. *Journal of Consumer Research, 13,* 131–133.

Walster, E., Aronson, V., Abrahams, D., & Rottmann, L. (1966). Importance of physical attractiveness in dating behaviour. *Journal of Personality and Social Psychology, 4,* 508–516.

Wild, C. (2004). Erfolgschancen durch Werbung für ältere Zielgruppen. *Mediaperspektiven, 6*(2004), 251–260.

Williams, A., Ylänne, V., & Wadleigh, P. M. (2007). Selling the 'elixir of life': Images of the elderly in an Olivio advertising campaign. *Journal of Aging Studies, 21,* 1–21.

Woodside, A. G., & Davenport, J. W. (1976). Effects of price and salesman expertise on customer purchasing behavior. *Journal of Business, 49,* 51–59.

Wuketits, F. M. (2005). *Darwin und der Darwinismus.* München: Beck.

Zhou, N., & Chen, M. Y. T. (1992). Marginal life after 49: A preliminary study of the portrayal of older people in Canadian consumer magazine advertising. *International Journal of Advertising, 11,* 343–354.